AF381488

HÔ CHI MINH

Vers l'indépendance de la nation vietnamienne

Par Pierre Mettra

50MINUTES.fr

HÔ CHI MINH

INTRODUCTION

Au Viêt Nam, l'oncle Hô, comme il est souvent surnommé, est plus qu'un personnage politique et qu'un acteur de l'histoire contemporaine. Considéré comme le père de la nation, il jouit d'un prestige immense, visible notamment au travers de l'imposant mausolée que lui a consacré le régime sur la place Ba Dinh à Hanoï. C'est également pour lui rendre hommage que l'ancienne capitale du Sud-Viêt Nam, Saigon, a été rebaptisée Hô Chi Minh-Ville en 1975.

Artisan de l'indépendance vietnamienne, communiste convaincu et homme de lettres charismatique, Hô Chi Minh marque les esprits par son opiniâtreté et par la singularité de sa pensée. Mais son portrait n'est pas univoque, car l'homme est aussi à la tête d'une dictature communiste, un allié de l'URSS de Staline (1878/1879-1953) et un théoricien du marxisme-léninisme autoritaire.

Mais c'est surtout le mélange théorique à la base de son idéologie qui suscite de nombreuses interrogations. Nationaliste concerné, avant tout, par la libération de son pays du joug colonial, il envisage cette émancipation comme impliquant tous les Vietnamiens, et ce quelle que soit leur classe sociale. En tant que partisan de la révolution mondiale, il participe pourtant à l'élaboration des dynamiques du communisme de la guerre froide, qui prône la lutte des classes et la dictature du prolétariat. Hô Chi Minh semble donc moins saisissable qu'il n'y paraît. Il reste malgré tout l'une des personnalités dont l'empreinte a eu des répercussions majeures dans l'histoire politique du XXe siècle.

DONNÉES CLÉS

- **Naissance ?** Probablement le 19 mai 1890 à Hoàng Trù (Viêt Nam).
- **Mort ?** Le 2 septembre 1969 à Hanoï (Viêt Nam).
- **Fonction ?** Il est le premier président de la république démocratique du Viêt Nam.
- **Apports majeurs ?**
  - La création du Parti communiste vietnamien.
  - La fondation du Viêt-minh, le Front pour l'indépendance du Viêt Nam.
  - Son combat pour réunifier le Viêt Nam.

BIOGRAPHIE

DE L'INDOCHINE FRANÇAISE AUX QUATRE COINS DU MONDE

Hô Chi Minh, de son vrai nom Nguyên Sinh Cung, voit le jour en 1890 dans le village de Hoàng Trù. Ses parents sont tous deux issus de familles de propriétaires terriens. Sa mère travaille aux champs tandis que son père, Nguyên Sinh Sac (1862-1929), s'applique à passer les concours de l'administration impériale sous domination française. Celui qui deviendra Hô Chi Minh évolue donc dans un environnement culturel riche et fréquente des écoles françaises et annamites. Il sait tracer des sinogrammes et maîtrise l'écriture du vietnamien en lettres latines, le *quốc ngu*. Conformément à la tradition de son pays, il prend à ses dix ans le nom de Nguyên Tât Thành, qui signifie « Nguyên grandes espérances ».

Quelques années plus tard, il noue des contacts avec des intellectuels de son pays qui nourrissent alors une réflexion sur la domination française de l'Indochine. Il est réceptif aux thèses des réformistes, qui croient en l'amélioration progressive de l'Indochine sous l'égide française. En 1911, il se rend en France avec l'intention d'intégrer l'École coloniale, institution assurant la formation du personnel administratif des colonies, mais sa candidature est écartée. Nguyên Tât Tành s'engage alors en tant que marin, et effectue de nombreux voyages à travers le monde, de 1914 à 1919, avant de retourner en France.

Là, il intègre un réseau de nationalistes indochinois, surveillé par la Sûreté, situé rue des Gobelins à Paris. C'est à cette époque que ses réflexions sur l'émancipation de l'Indochine le mènent vers un nouveau courant de pensée : le communisme. Admirateur de Lénine (révolutionnaire et homme d'État russe, 1870-1924), il adhère au parti socialiste français (SFIO) puis au Parti communiste français (PCF). Entouré d'un petit groupe de personnes originaires des colonies, il est l'un des fondateurs, en 1921, du groupe militant de l'Union intercoloniale, dédié à des réflexions sur la domination et les voies d'indépendance dans les colonies françaises. Il prend alors le nom de Nguyên Ái Quôc, soit « Nguyên le patriote ».

L'APPEL DU COMMUNISME

La voie privilégiée par les réformistes se révèle être un échec face à un Gouvernement français totalement fermé à une quelconque remise en cause du modèle de domination coloniale qu'il a mis en place. La révolution, telle qu'elle est préconisée par le marxisme-léninisme, semble dès lors la voie la plus prometteuse aux yeux de Nguyên Ái Quôc.

LE MARXISME-LÉNINISME

Dans sa théorie politique, l'économiste et penseur Karl Marx (1818-1883) critique le capitalisme qu'il décrit comme une société de classes, dominée par la bourgeoisie au détriment du prolétariat. Selon lui, c'est aux travailleurs de lutter pour une société sans classe, en révoquant l'hégémonie de la bourgeoisie et en opérant ainsi un renversement politique leur permettant de prendre le pouvoir. Selon Lénine, qui a opéré une lecture personnelle de Marx, ce renversement n'est possible que sous la tutelle d'un parti fortement hiérarchisé, composé de révolutionnaires professionnels capables d'encadrer les ouvriers qui ne sont pas conscients du rôle qu'ils jouent dans la lutte des classes. Il préconise la mise en place d'une dictature du prolétariat, phase transitoire dite du socialisme, menant à une société sans classe. Le marxisme-léninisme est le mouvement idéologique dominant au sein du communisme du XXe siècle, auquel appartiennent le maoïsme et la pensée d'Hô Chi Minh.

En juin 1923, il quitte clandestinement la France pour se rendre à Moscou. Il y rejoint l'administration soviétique, et y renforce ses convictions politiques. En janvier 1925, désormais militant communiste convaincu, Nguyên Ái Quôc se rend dans la ville de Canton, au Sud de la Chine, où il met en place un réseau activiste vietnamien. En effet, après s'être rapproché de Phan Bôi Châu (lettré militant vietnamien, 1867-1940), fervent partisan d'une indépendance vietnamienne, Nguyên Ái Quôc, qui se fait également appeler Lý Thụy, se trouve au centre d'une organisation révolutionnaire, le Thanh Niên. Une fois ses membres formés, ceux-ci sont dépêchés de Canton en Indochine afin d'y former des cellules clandestines.

Recherché par les autorités françaises, Nguyên Ái Quôc se réfugie à Hong Kong en 1929. L'année suivante, il participe à la fondation du Parti communiste vietnamien (PCV). Considéré comme suspect par les maîtres anglais de Hong Kong, il est contraint de quitter la ville et couvre sa fuite en répandant la rumeur de sa mort. De retour en Russie, il est écarté des décisions importantes par le Gouvernement de Staline, qui trouve étrange le fait qu'il ait pu échapper aux autorités britanniques et françaises, et qui voit d'un mauvais œil ses engagements nationalistes. L'appellation « Parti communiste vietnamien » lui apparaît en effet comme trop territoriale, trop individuelle et n'ayant de réalité que pour les in-dépendantistes vietnamiens. Elle est donc aban-donnée au profit de celle de « Parti communiste indochinois » (PCI). La situation d'ostracisme que connaît Nguyên Ái Quôc perdure jusqu'en 1938, année au cours de laquelle il se rend en Chine. Il n'est plus qu'à quelques kilomètres du Viêt Nam, où il désire ardemment rentrer.

VERS L'INDÉPENDANCE

Alors que la domination française s'exerce toujours partiellement sur l'Indochine, sous la surveillance attentive de l'occupant japonais, des soulèvements contre la domination étrangère éclatent de manière diffuse dans le pays, mais particulièrement dans la région nord.

En 1941, Nguyên Ái Quôc franchit la frontière vietnamienne et s'installe avec une poignée de fidèles dans la région du Viêt Bắc, au nord, située non loin du village de Pác Bó. Il y emménage pour plusieurs mois dans une grotte humide. Les conditions de vie ingrates de ce maquis ne l'empêchent pas d'être politiquement actif. Lors de la VIIIe session du Comité central du PCI, qui se déroule justement à Pác Bó, Nguyên Ái Quôc prend l'initiative d'un remaniement de l'agenda du parti, liant la révolution à la libération nationale. Pour mener à bien cette tâche, un front politique mené par le PCI est créé : le Viêt-minh. C'est alors que Nguyên Ái Quôc prend le nom de Hô Chi Minh, qui signifie « Hô à la volonté éclairée », ou encore « Hô puits de lumière ».

Lorsque s'achève la Seconde Guerre mondiale (1939-1945) et après le retrait des troupes japonaises, le Viêt-minh gagne du terrain. Hô Chi Minh en profite pour proclamer la république démocratique du Viêt Nam, dont il devient président. Cela n'empêche toutefois pas la France d'espérer reprendre le contrôle de l'Indochine : l'affrontement s'avère inévitable. De 1946 à 1954, le conflit fait rage. Incapable de reprendre pied dans la péninsule, la France finit par abandonner ses prétentions à la domination en 1954. Le pays est alors divisé en deux : le Nord-Viêt Nam et le Sud-Viêt Nam. La jeune république démocratique du Viêt Nam, présidée par Hô Chi Minh, est confinée à la partie nord du pays. La partie sud du pays est quant à elle placée sous un régime se voulant démocratique, sous la présidence de Ngô Dinh Diêm (1901-1963), miné par la corruption et le clientélisme. Les années de guerre ont fait de Hô Chi Minh un réel emblème de la lutte nord-vietnamienne, mais son rêve d'indépendance d'un pays unifié est encore loin d'être réalisé.

Lorsque Hô Chi Minh meurt le 2 septembre 1969, la seconde guerre d'Indochine (1964-1975), plus couramment nommée guerre du Viêt Nam, opposant le Nord-Viêt Nam au Sud-Viêt Nam allié aux États-Unis, ravage le pays depuis cinq ans. Elle ne prendra fin que six ans après sa disparition et mènera directement à l'unification du pays. En hommage à celui qui est considéré comme le père de la nation, l'ancienne capitale du Sud-Viêt Nam, Saigon, est rebaptisée Hô Chi Minh-Ville.

CONTEXTE

L'INDOCHINE FRANÇAISE

Au début du XIXe siècle, l'actuel Viêt Nam est un empire nommé Annam par les Chinois et Đại Viêt par les habitants de la péninsule indochinoise. Le système politique impérial repose sur une structure triple, largement influencée par le modèle chinois voisin. Dans celle-ci, on trouve tout d'abord un État dont la légitimité est liée à l'exercice d'un mandat céleste, très bureaucratisé. La seconde institution capitale dans le fonctionnement de l'administration impériale est le mandarinat, un système de sélection des fonctionnaires. Ceux-ci doivent être des lettrés et connaître par cœur les classiques confucéens. Ils arborent des ongles très longs, manifestant ainsi leur mépris pour le travail physique. Le troisième élément sur lequel repose l'ordre social du Đại Viêt est l'attachement à la terre, au village et aux ancêtres dans un pays alors essentiellement paysan. En 1802, la dynastie des Nguyên prend le pouvoir. L'empire est rebaptisé Viêt Nam, littéralement « pays des Viêt du Sud » ou Đại Nam.

Au même moment, en pleine période coloniale, les puissances européennes observent avec convoitise le territoire de l'Asie du Sud-Est, qu'elles ambitionnent d'assujettir. De plus, l'industrialisation grandissante des pays occidentaux et le développement de l'idéologie capitaliste qui l'accompagne poussent les Européens à vouloir s'introduire dans l'important marché chinois. Devant l'interdiction du commerce d'opium promulguée par la dynastie Qing à l'encontre de certains pays occidentaux, le Royaume-Uni mène une première campagne militaire en Chine, de 1839 à 1842, puis une seconde, de 1856 à 1860, soutenue cette fois par la France, la Russie et les États-Unis qui pressentent la faiblesse de la Chine et la possibilité de se repaître de ses ressources. Ces guerres de l'opium ont des conséquences désastreuses pour l'Empire du Milieu. La Chine est contrainte de signer des traités inégaux, de céder Hong Kong au Royaume-Uni et d'ouvrir plusieurs de ses ports aux Occidentaux. Ceux-ci prennent un ascendant non négligeable sur l'ordre du pays, les Anglais en tête.

Face à l'avancée anglaise en Asie, la France souhaite elle aussi s'assurer une position stratégique au Sud de la Chine. Peu après la fin de la seconde guerre de l'opium, en 1862, elle s'empare de Saigon et envahit la Cochinchine, à l'extrême Sud du Đại Nam. En 1863, elle instaure un protectorat sur le Cambodge. De 1883 à 1884, le Tonkin, région située à la frontière chinoise, au Nord de la péninsule, et le Trung Bô, région centrale du Viêt Nam, sont conquis et annexés. Cette dernière portion du territoire est nommée l'Annam par les Français, réutilisant alors un nom qui désignait auparavant le pays dans son ensemble. En 1897, au terme d'un autre conflit, le Laos est également intégré de force à l'ensemble que les Français composent militairement. Ses frontières sont fixées en 1907, avec l'ajout de territoires à l'Ouest du Cambodge. Le territoire ainsi composé prend le nom d'Union indochinoise française, appelée communément Indochine.

BIRMANIE
CHINE
TONKIN
Hanoï
Vientiane
Mer de Chine
LAOS
SIAM
Hué
Bangkok
ANNAM
CAMBODGE
Phnom Penh
Golfe de Siam
COCHINCHINE
Saigon
N
©50MINUTES.fr
Frontières de l'Indochine française en 1907
Nouvelles frontières définies par les accords de Genève en 1954
L'Indochine française en 1907

LA VIVACITÉ DU NATIONALISME

La dynastie des Nguyên est maintenue, de même que le système du mandarinat. Pourtant, c'est bel et bien la France qui tire les ficelles, puisque c'est l'administration coloniale qui prend toutes les décisions. L'empereur est d'autant plus un fantoche que son pays n'existe plus. En effet, pour les Français, il n'est plus question de Viêt Nam : le Tonkin, l'Annam et la Cochinchine sont considérés comme strictement distincts.

L'autorité coloniale organise la mise en valeur du pays dans le but d'entraîner ses richesses vers la métropole. De grandes plantations d'hévéas (arbres qui produisent un latex nécessaire à la fabrication du caoutchouc) font la fortune d'investisseurs français, dans lesquels Vietnamiens, Laotiens et Cambodgiens travaillent dans des conditions difficiles pour de très maigres revenus. Un schéma identique est appliqué dans tous les domaines de la production économique. Ce quasi-esclavage est soutenu par le discours infantilisant classique de la colonisation, assimilant les envahisseurs à des porteurs de civilisation et les envahis à de grands enfants irresponsables.

Les chimères de la colonisation française masquent des réalités complexes qui, même si elles sont ignorées par les colonisateurs, existent bel et bien. En effet, si le Viêt Nam n'existe plus, suite à la division du pays en trois entités distinctes, les réflexions sur l'entité politique que forment ces trois territoires sont pourtant bien vivaces. Au début du XXe siècle, on voit apparaître dans les pensées d'un certain nombre d'intellectuels un double nationalisme. La première forme consiste en un nationalisme militant, qui envisage l'opposition armée et la conspiration contre l'occupant comme nécessaires afin d'inaugurer un nouvel État vietnamien. Cette mouvance est notamment représentée par Phan Bôi Châu. Un autre type de nationalisme, celui du réformisme, est mis en avant par Phan Châu Trinh (1872-1926), entre autres. Non violent, il préconise une modernisation par les réformes, un travail d'accumulation des connaissances et l'opportunité d'une décolonisation progressive par le biais du dialogue politique.

Peu à peu, la domination française, qui s'exerce par la coercition, doit faire face à une résistance tenace. Vers 1925, le Viêt Nam Quôc Dân Đảng

(VNQDD, Parti nationaliste vietnamien), composé d'un groupe révolutionnaire socialiste clandestin, voit le jour. Celui-ci perpètre notamment des assassinats de responsables français, dont celui d'Alfred Bazin (vers 1890-1929), administrateur de sinistre réputation en Indochine, du fait de son âpreté dans la gestion de l'Office général de la main-d'œuvre indochinoise dont il a la charge, et du peu de cas qu'il fait de la santé des travailleurs vietnamiens. Après ce meurtre, la Sûreté française poursuit les membres de cette organisation et met en place une sévère répression. Tout au long de sa présence, la France mate avec une extrême fermeté soulèvements et violences, comme en 1930 en Cochinchine.

LA NAISSANCE DU MONDE COMMUNISTE

En octobre 1917, le Gouvernement provisoire mis en place en Russie après l'abdication du tsar Nicolas II (1868-1918) est renversé par les bolcheviks, membres du parti ouvrier social-démocrate de Russie, mené par Lénine. Le premier régime communiste de l'histoire voit alors le jour : il s'agit de la république socialiste fédérative soviétique de Russie.

Lénine est à l'origine d'une idéologie politique socialiste mettant au centre de ses enjeux la lutte des classes et la dictature du prolétariat. En Russie, la bourgeoisie telle que l'a décrite Karl Marx n'est alors que très peu présente. Lénine promulgue alors l'idée d'une révolution permettant de servir de déclencheur, et d'accélérer le processus devant mener au pouvoir absolu du prolétariat. Dictature ouvrière, contrôle politique très sévère (avec la création de la *Tchéka*, la police politique chargée d'éliminer les opposants) et état de révolution permanent sont les principaux éléments de ce que l'on appelle le marxisme-léninisme.

À partir de la fin des années vingt, c'est Joseph Staline qui prend les rênes du régime autoritaire après le décès de Lénine. Celui-ci instaure une dictature personnelle et crée l'Union des républiques soviétiques socialistes (URSS). Il bénéficie d'un culte national de sa personnalité, et fait déporter les opposants au régime – ou prétendus tels – dans des goulags de Sibérie, quand ils ne sont pas emprisonnés ou tout simplement assassinés. Le nombre des victimes, difficile à estimer avec précision, s'élèverait à plus de 20 millions de personnes.

Le communisme, en particulier le marxisme-léninisme, est d'ambition mondiale. Les partisans internationaux de la lutte des classes et de la dictature du prolétariat sont donc chapeautés par une institution à caractère mondiale appelée l'Internationale. Cet organisme, composé de hauts fonctionnaires, élabore des directives transmises aux partis et aux groupes communistes du monde entier. À partir de 1920, alors que le pouvoir léniniste s'affirme en Russie, la participation à la révolution mondiale communiste passe nécessairement par l'adhésion à la Troisième Internationale, que l'on surnomme *Komintern*. Indépendante du pouvoir soviétique de Moscou, du moins en théorie, elle est en réalité dirigée par le parti communiste russe, dont elle exprime clairement le programme politique jusqu'à son abrogation en 1947. À cette date, un autre organisme, en apparence moins contraignant, prend le relais de la coopération du communisme mondial : le Bureau d'information des partis communistes et ouvriers, dit *Kominform*.

L'un des grands projets idéologiques du communisme soviétique est la lutte contre l'impérialisme. La question coloniale fait ainsi partie de ses préoccupations, dans le sens où elle constitue, dans ce système politique, une forme d'aliénation dont il faut se libérer par la révolution. Dans cette perspective, le nationalisme vietnamien de Phat Bôi Châu et le marxisme-léninisme trouvent des points communs, et une alliance s'avère dès lors possible. C'est notamment ce syncrétisme d'idées qui caractérise la trajectoire politique de Hô Chi Minh.

TEMPS FORTS

UN SÉJOUR FORMATEUR EN FRANCE

À la fin de l'été 1911, le jeune Nguyên Tât Tành débarque du navire *Van Ba* sur lequel il a effectué la traversée, de l'Indochine à la France. Arrivé à Marseille, il rejoint ensuite Le Havre où il est employé comme jardinier dans une maison bourgeoise. En apprenant que sa candidature à l'École coloniale est refusée, il rembarque immédiatement. Travaillant sur divers bateaux, il effectue une longue série de voyages puis se fixe quelque temps dans la capitale anglaise. Durant ses pérégrinations, il observe la vie des républiques occidentales et découvre la place subalterne qu'on y réserve aux immigrants et aux individus faisant partie des couches les plus basses de la société. De fils de mandarin, il devient prolétaire, et cette expérience de déclassement social n'est certainement pas étrangère à son orientation socialiste.

Il retourne en France en 1919, à la fin de la Première Guerre mondiale. Résidant à Paris, il y retrouve le nationaliste Phan Châu Trinh, auprès duquel il a étudié lorsqu'il était au Viêt Nam, et dont le réformisme est alors un modèle pour lui. Il rencontre également Phan Van Truong (avocat vietnamien naturalisé français, 1876-1933), premier traducteur de Karl Marx en écriture latinisée du vietnamien. Les trois hommes souhaitent l'indépendance du Viêt Nam, et mettent pour cela leurs réflexions en commun. C'est à cette époque que Nguyên Tât Tành change de nom et devient Nguyên Ái Quôc, « Nguyên le patriote ». En 1920, il emménage chez Phan Van Truong, rue des Gobelins à Paris, où les deux hommes travaillent ensemble à la rédaction d'articles, dont certains sont publiés dans le journal socialiste *L'Humanité*.

Le Gouvernement français voit d'un œil défavorable ces remises en question de la situation coloniale, et Nguyên Ái Quôc est placé sous surveillance policière. Des rapports circonstanciés sur l'évolution de ses idées et sur ses activités sont fournis à la Sûreté de l'État par des agents infiltrés dans son entourage. Sur base de ces témoignages, il est possible d'évaluer le tournant idéologique majeur dans la pensée de l'activiste.

On considère en effet que c'est vers 1920 qu'il constate l'inefficacité de la tactique réformiste. C'est à cette époque qu'Albert Sarraut (1872-1962), alors ministre des Colonies, imagine un vaste plan d'aménagements économiques en Indochine dans le but d'enrichir considérablement une France affaiblie par la Première Guerre mondiale. Il est évident pour Nguyên Ái Quôc que la France n'a nullement l'intention de desserrer l'étau dans lequel elle tient l'Indochine. Inscrit au parti socialiste français (SFIO) dès 1919, il s'aperçoit rapidement que la question coloniale est secondaire aux yeux de ses membres.

En lisant l'ouvrage que Lénine publie en juin 1920, *Première ébauche des thèses sur les questions nationale et coloniale*, Nguyên Ái Quôc comprend que la seule alternative viable aux lentes tentatives de réforme est la révolution telle qu'elle est encouragée par le bolchevisme, qui, pour sa part, est sensible aux problématiques de la colonisation. Présent au XVIIIe congrès de la SFIO, en décembre 1920, Nguyên Ái Quôc milite pour une adhésion du parti à la Troisième Internationale communiste. Après un vote majoritairement positif, dû à de nombreux désaccords, le parti socialiste est scindé en deux : la majeure partie des personnes présentes ce jour-là, parmi lesquelles se trouve Nguyên Ái Quôc, quittent la SFIO pour former la Section française de l'Internationale communiste (SFIC), bientôt appelée Parti communiste français (PCF).

Nguyên Ái Quôc s'investit aussitôt dans les activités de la commission coloniale du PCF. Il fonde en 1921, avec des ressortissants de colonies, un groupe indépendant, l'Union intercoloniale. L'année suivante, le cercle publie un journal, Le Paria, dans lequel Nguyên Ái Quôc rédige la majorité des articles. Il organise également des conférences et prépare un ouvrage intitulé Le Procès de la colonisation française, publié en 1925. La surveillance organisée par la police française s'intensifie : Nguyên Ái Quôc sent qu'il est temps pour lui de quitter la France. Il désire se rapprocher de son pays natal et se lancer dans des projets plus ambitieux. En juin 1923, il sème ses observateurs et prend le train pour Berlin, d'où il poursuit sa route jusqu'en Russie.

DE MOSCOU À HONG KONG

À Moscou, Nguyên Ái Quôc est intégré aux travaux du Komintern, dont un pan de l'organisation est dédié à la question coloniale. La formation politique des ressortissants de pays colonisés est mise en valeur, notamment par l'enseignement prodigué à l'Université communiste des travailleurs d'Orient, à Moscou. De 1923 à 1925, Nguyên Ái Quôc se familiarise avec les ressorts idéologiques et politiques du communisme, et confirme son adoption du marxisme-léninisme.

Au début de l'année 1925, il se rend à Canton, au Sud de la Chine. Il fait partie d'une délégation envoyée par le Komintern auprès du Gouvernement de Sun Yat-sen (1866-1925), le fondateur du Guomindang, un parti nationaliste chinois alors en bonnes relations avec Moscou et le Parti communiste chinois. Ce révolutionnaire et nationaliste chinois lutte pour l'unification de la Chine, déchirée par un conflit les opposant à des belligérants appelés « Seigneurs de la guerre » par les historiens.

À Canton, Nguyên Ái Quôc, que l'on connaît alors sous le nom de Lý Thụy, est très actif. Il y rencontre à nouveau Phan Bôi Châu qui, dans le but de se soustraire aux velléités du Gouvernement français d'Indochine, s'y est réfugié en 1909 après avoir été déclaré persona non grata au Japon, où il était exilé depuis 1905. Les idées insurrectionnelles de l'intellectuel vietnamien sont désormais en accord avec celles du jeune envoyé du Komintern. Phan Bôi Châu crée à Canton un parti nationaliste, le Việt Nam Quang Phục Hội (la Ligue pour la restauration du Viêt Nam), et se lie avec divers activistes. Par son intermédiaire, Nguyên Ái Quôc prend contact avec les membres du groupe Tâm Tâm Xã (« Société d'un même cœur »), composé de jeunes hommes qui préparent des attentats contre des figures coloniales en Indochine. Partant de ce réseau dont il s'empare, il crée le Thanh Niên Cách Mạng Đồng Chí Hội (l'« Association de la jeunesse révolutionnaire du Viêt Nam »), que l'on désigne plus couramment sous le nom de Thanh Niên. L'organisation publie un journal éponyme dans lequel Nguyên Ái Quôc expose ses pensées. Il recrute de jeunes gens enthousiastes, loue des locaux qu'il aménage en école, et anime des formations destinées à trois classes successives d'une cinquantaine d'élèves chacune. Une fois formés, les militants sont invités à se rendre au Viêt Nam afin d'y mettre en place des cellules révolutionnaires.

Nguyên Ái Quôc se marie en octobre 1926 à Canton avec Tang Tuyêt Minh (1905-1991), une sage-femme chinoise originaire d'une famille catholique. Le bonheur est de courte durée. La mort de Sun Yat-sen (homme d'État chinois, 1866-1925) en 1925 provoque l'effondrement du consensus au sein du Guomindang au sujet de l'alliance avec les communistes. Le nouveau leader du parti, Tchang Kaï-chek (1887-1975) s'oppose à ses alliés de la veille, et de lourds combats s'engagent. Les communistes sont désormais menacés à Canton.

En 1927, Nguyên Ái Quôc est de retour à Moscou où il reste deux ans, durant lesquels il effectue des missions pour le *Komintern*, principalement en Europe. En 1929, le Thanh Niên, qui fonctionne désormais sans l'intervention directe de son instigateur, comporte plus de 1 000 membres. En 1929, Nguyên Ái Quôc s'installe à Hong Kong, où il sert d'intermédiaire entre le Komintern et les organisations clandestines d'Asie du Sud-Est. Il constate alors que le Thanh Niên connaît de profondes tensions, dues à une radicalisation de certains de ses membres communistes, qui remettent en question la base nationaliste de l'organisation. Nguyên Ái Quôc décide d'agir : il contacte les trois camps qui s'opposent à ses visées, et les somme, en tant que représentant du Kominform, de se réunir à Hong Kong en février 1930. À cette occasion, le Parti communiste vietnamien est créé : son programme est défini suivant la double optique de libération du joug colonial et de recherche de la victoire ouvrière. Cette création est avant tout symbolique, et sert à tisser un lien idéologique fort entre les entités politiques en présence.

Les tensions qui émergent au sein du Thanh Niên illustrent la complexité de la pensée de Nguyên Ái Quôc. Si le fait de lier la lutte contre la domination coloniale à celle des classes n'est pas inédit, les hauts fonctionnaires installés à Moscou s'en méfient tout de même. Ils estiment en effet que le combat du prolétariat contre la bourgeoisie doit être l'objectif principal du communisme international, et assimilent le nationalisme à une attitude droitiste. Dans un discours prononcé à l'Université des travailleurs d'Orient le 18 mai 1925, Staline explique très clairement cette orientation politique. Les événements chinois contribuent au reniement du nationalisme par l'URSS, alors que celle-ci développe elle-même une politique nationale extrêmement poussée. Cela ne change pourtant pas l'opinion de Nguyên Ái Quôc pour qui libération nationale et révolution communiste ne sont pas antithétiques.

À Hong Kong, il est désormais recherché par les Français. En juin 1931, il est arrêté par la police anglaise, et jeté en prison. Il y reste deux ans, en attente d'une décision des autorités. Alors que les Britanniques s'apprêtent à le livrer aux Français, ce qui aurait mis un terme à sa carrière ou aurait pu conduire à son exécution, il est libéré en 1933. Il quitte alors promptement Hong Kong et rejoint Moscou où il s'exile. Il met à profit cette période pour propager la rumeur de sa mort en France et en Chine.

DES COULOIRS DU KREMLIN AU MAQUIS VIETNAMIEN

Si Nguyên Ái Quôc demeure un cadre du parti, il ne se voit pas confier de mission notable durant les cinq années suivantes. Ses positions nationalistes continuent de lui valoir une certaine suspicion de la part des hauts fonctionnaires moscovites, qui le mettent à distance du Parti communiste vietnamien qui se stalinise progressivement. Alors qu'il est, au début, purement informel, le parti est finalement validé par le *Komintern*, mais il doit pour ce faire adopter un nom qui marquerait moins sa pensée nationaliste. C'est ainsi qu'il est renommé Parti communiste indochinois (PCI).

À cette époque, le parti communiste soviétique est le théâtre d'une violente opposition entre Staline et Léon Trotski (1879-1940), un révolutionnaire et théoricien proche de Lénine avant sa mort. Staline fait finalement exiler son adversaire en 1929. Trotski n'a toutefois pas dit son dernier mot et, neuf ans plus tard, il forme une Quatrième Internationale en France. Afin de faire disparaître toute trace de son opposant, Staline va jusqu'à faire retoucher les photographies officielles où il pose à ses côtés afin d'y apparaître seul. À partir de 1936, prétextant un complot contre les Républiques soviétiques, il inaugure ce que les historiens appellent les « grandes purges », et fait déporter ou assassiner des centaines de milliers d'opposants à son régime, avérés ou prétendus tels, ainsi que des éventuels trotskistes, désormais diabolisés. En 1940, il mandate même les services secrets russes pour assassiner Trostki, alors réfugié à Mexico. Nguyên Ái Quôc n'est pas inquiété par ces mesures, ses écrits attestant de son anti-trotskisme et de son allégeance à l'orthodoxie stalinienne.

En 1938, il obtient finalement ce qu'il attend impatiemment depuis son arrivée à Moscou, l'autorisation officielle de repartir pour l'Asie, en tant que délégué du *Komintern*. Nguyên Ái Quôc brûle d'opérer directement sur le terrain. Il part pour la Chine, et arrive à Yan'an (centre de la Chine), alors capitale du régime communiste de Mao Zedong (1893-1976). Il se rend ensuite à Lanzhou (Nord de la Chine), où il devient membre de la garde des frontières.

Alors que la Seconde Guerre mondiale est déclarée, il apprend que les troupes chinoises envisagent de pénétrer en Indochine, où la France peine à faire face à l'invasion japonaise. Pour Nguyên Ái Quôc, c'est l'occasion parfaite de retourner dans son pays. Il rejoint la ville de Liuzhou (Sud de la Chine), où se préparent les soldats chinois. Parmi eux, il recrute une quarantaine de Vietnamiens qui désertent leur unité. Entouré de ce petit groupe, il poursuit sa route vers l'Indochine. Remarquant que ses compagnons sont inexpérimentés, il décide de les former. Pour cela, le groupe se rend près de la frontière sud de la Chine, où se trouvent deux villages. Nguyên Ái Quôc, qui souhaite préparer les jeunes militants à la vie dans le maquis, les encourage à s'attirer les faveurs de la population par une attitude serviable et respectueuse, et proscrit toute injustice commise envers les villageois. En janvier 1941, une fois leur formation terminée, la troupe se remet en marche. À la fin du mois, Nguyên Ái Quôc rentre au Viêt Nam, qu'il avait quitté 30 années auparavant.

Les maquisards s'installent près du village de Pác Bó, dans la province de Cao Bàng où l'influence du Parti communiste indochinois est forte. Du fait de l'instabilité provoquée par la guerre, plusieurs districts du pays ont quitté la sphère d'influence coloniale, et sont désormais gérés tant bien que mal par des communistes et des nationalistes. Nguyên Ái Quôc et son entourage s'installent dans une grotte voisine de Các Bô, près de la frontière chinoise, sise au pied d'une montagne et à proximité d'une rivière que Nguyên Ái Quôc baptise respectivement Karl Marx et Lénine. Depuis ce refuge, où la vie est rude, il cherche à s'attirer la sympathie des habitants des environs, et rédige beaucoup. Le cœur de ses préoccupations est la perspective d'une indépendance proche, dans un contexte où la tutelle française est fragilisée par la présence japonaise qu'il espère provisoire.

L'ONCLE HÔ : DU RÉVOLUTIONNAIRE AU PÈRE DE LA NATION

En janvier 1941, Nguyên Ái Quôc convoque les hauts membres du PCI, qui se réunissent à Pác Bó. Parmi eux se trouve Vô Nguyên Giap (général vietnamien, 1911-2013), marxiste convaincu et farouche opposant au régime colonial français, responsable de la mort de son épouse et de sa belle-sœur. Nguyên Ái Quôc le charge de superviser la résistance contre les troupes japonaises.

Le programme du parti est réaffirmé et laisse entrevoir plus nettement le fait que la future révolution vietnamienne est bel et bien une révolution de libération nationale, qui s'inscrit pourtant pleinement dans l'idéologie révolutionnaire mondiale communiste soutenue par le *Komintern*. Il est établi par les cadres du parti que son avenir est indissociable de celui de la révolution chinoise menée par Mao Zedong, et des décisions du Kremlin. À l'instar du Parti communiste chinois, le Viêt Nam étant un pays dont la population est essentiellement rurale, le PCI stipule que la révolution n'est pas un phénomène urbain concernant uniquement les ouvriers de l'industrie, mais également et majoritairement une manifestation rurale. La collectivisation des terres est annoncée. Enfin, pour favoriser le processus de révolution et de libération du pays, Nguyên Aí Quôc propose la création d'un organe du parti communiste, le Viêt Nam Độc Lập Đồng Minh Hội, la

« Ligue pour l'indépendance du Viêt Nam », plus connu sous son nom abrégé, Viêt-minh. Il prend le nom de Hô Chi Minh, que l'on peut traduire par « Hô à la volonté éclairée » ou par « puits de lumière ».

Hô Chi Minh rédige de nombreux documents venant consolider les décisions du parti. Il rédige notamment un appel à la population dans lequel il annonce que la colonisation française touche à sa fin. En outre, il écrit un document intitulé *Les Dix Politiques du Viêt-minh*, dans lequel il expose sa vision politique et regroupe des chansons parodiques prenant pour cible des militaires français, des fables et des poèmes. En parallèle, les trotskistes affiliés au parti sont évincés ou éliminés. Hô Chi Minh et d'autres responsables du parti s'assurent de la conservation du stalinisme de l'organisation. Pourtant, une certaine autonomie du PCI, que Hô Chi Minh appelle de ses vœux, est rendue possible par la dissolution, en 1943, du *Komintern*, bientôt remplacé dans certaines de ses missions par le *Kominform*.

La présence américaine dans le Pacifique, notamment aux Philippines, que les États-Unis ont placées sous leur tutelle en 1898, interpelle

Hô Chi Minh, qui pressent l'importance d'une relation diplomatique avec cet acteur politique de plus en plus éminent. En août 1942, il entreprend un voyage vers Chongqing, où stationne l'état-major de l'armée américaine en Chine. Mais les laissez-passer qu'il utilise ne sont pas valides. Contrôlé par la police, il est arrêté et jeté en prison. Jusqu'en septembre 1943, il est transféré de prison en prison, passant par 18 geôles au total, selon ses propres calculs.

Enfin libéré grâce à l'intervention d'un ami, il retourne dans la région de Cao Bàng, où les militants du PCI sont désormais bien implantés et disposent de bases, au grand dam des forces françaises qui tentent d'endiguer la montée de la résistance. À son retour, Hô Chi Minh est accompagné d'une vingtaine de compagnons, dont une jeune femme qui devient sa compagne. Reprenant une position éminente dans le PCI, il est remarqué une nouvelle fois par les Français qui reconnaissent en lui Nguyên Aí Quôc.

Qu'est-il arrivé à Tang Tuyet Minh, la première femme de Hô Chi Minh ?

Alors que Hô Chi Minh n'a plus vu sa femme depuis 1927, il tente de la retrouver par l'intermédiaire du consulat du Viêt Nam à Canton, en vain. Pourtant, elle est bel et bien restée dans la région et a tenté de contacter son mari à plusieurs reprises. Mais, pour une raison obscure, le régime estime qu'il n'est pas judicieux que les amants se retrouvent. Le Parti communiste chinois pourvoit donc aux besoins de Tang Tuyet Minh, et lui intime l'ordre de cesser d'essayer de joindre son mari.

La progression des communistes, favorisée par la présence japonaise, est indéniable. Les Japonais laissent en effet une certaine marge de manœuvre au gouvernement colonial, sans pour autant favoriser sa domination. En 1945, le Tonkin est en ébullition : des tracts sont distribués, des escarmouches éclatent et les sphères d'influence se modifient. Cette même année, Hô Chi Minh prend contact avec les forces américaines. Celles-ci acceptent de coopérer avec le Viêt-minh, chargé de saper l'occupation japonaise de l'intérieur et fournissent des armes au parti.

Mi-août, la nouvelle d'une capitulation japonaise imminente précipite les événements. Les forces du Viêt-minh sont rapidement mobilisées. Les troupes de libération commandées par Vo Nguyên Giap fondent sur Hanoï, et prennent, le 16 août, le contrôle de la ville, sans avoir rencontré de véritable résistance. Au même moment, dans tout le pays, des comités Viêt-minh s'emparent des villes importantes. Le 25 août, les communistes de Hô Chi Minh assurent leur mainmise totale sur le pouvoir, au détriment des nationalistes, des trotskistes et des membres d'autres formations qui ont participé, tous unis, à l'émancipation du pays. Le 2 septembre 1945, à Hanoï, sur la grande place où se dresse le palais du gouverneur général d'Indochine, couverte d'une foule en liesse, Hô Chi Minh déclare l'indépendance de la république démocratique du Viêt Nam.

LE PRIX DE L'INDÉPENDANCE

La situation est pourtant loin d'être stabilisée. Le Viêt-minh, confronté aux résistances d'autres mouvements nationalistes, ne contrôle véritablement, à la fin de l'année 1945, que le Nord et le Centre du pays. De plus, la France montre clairement son intention de reprendre le contrôle de son ancienne colonie. Pour le Gouvernement provisoire de Charles de Gaulle (1890-1970), l'Indochine demeure une propriété exclusivement française, ce qui n'empêche pas Hô Chi Minh de tenter d'obtenir gain de cause par la voie diplomatique. Celle-ci échoue, et, malgré les tentatives répétées du chef du nouvel État vietnamien, le conflit se profile. Il multiplie les lettres, se déplace en France, tente de s'appuyer sur l'intermédiaire américain. Mais c'est peine perdue, la France favorisant la création d'un État vietnamien concurrent en Cochinchine. En 1946, la première guerre d'Indochine éclate. Du côté vietnamien, les soldats disposent d'un guide, d'un modèle : celui que l'on appelle désormais Bac Hô, c'est-à-dire « l'oncle Hô ». Ce dernier dispose alors d'une image bien construite de père de la nation, qu'il entretient par ses discours et ses textes encourageant à l'union et dressant un programme patriotique concret.

La photo représente des commandos de la Marine française ayant atteint les côtes d'Annam en 1950.

Le conflit fait rage jusqu'en 1954. La France est soutenue par l'aide matérielle des États-Unis, tandis que la Chine fournit son aide aux soldats du Viêt-minh. La position des États-Unis vis-à-vis du régime vietnamien a changé : la montée du communisme au niveau mondial préoccupe Washington, et l'alliance conclue avec Hô Chi Minh, dictée par les circonstances durant la période d'occupation japonaise, est désormais caduque. Après quelques années de combats, la guerre se termine par une victoire en demi-teinte pour le Viêt-minh. Les soldats français, menés par le général Jean de Lattre de Tassigny (maréchal de France, 1889-1952) affrontent l'armée de la république démocratique du Viêt Nam, commandée par Vo Nguyên Giap. Celui-ci inflige une sévère défaite aux troupes françaises à Diên Biên Phu en mai 1954. Peu après, les accords de Genève marquent la fin de l'affrontement et viennent définir les nouvelles frontières des pays. Mais les conditions imposées ne satisfont pas les hauts fonctionnaires du Viêt-minh, en particulier Hô Chi Minh. Celui-ci rêve en effet d'un Viêt Nam indépendant unifié, alors que les accords imposent une partition qu'il est contraint d'accepter. Le Sud devient la république du Viêt Nam (RV), dont Ngô Dinh Diêm est déclaré président. Le texte prévoit toutefois pour l'année 1956 une réunification du pays, accompagnée d'élections, ce que le nouveau président du Sud refuse. Une grande tension subsiste ainsi entre les deux chefs d'État.

La photo montre des troupes du Viêt-minh se réjouissant de leur victoire.

DES TENSIONS QUI NE CESSENT DE GRIMPER

Au Nord, Hô Chi Minh instaure une dictature communiste. L'union nationale et le marxisme-léninisme appellent, selon lui, à la mise en place d'un régime autoritaire. Les opposants au régime sont donc muselés, et la République dispose d'un parti unique, qui reprend le nom de Parti communiste vietnamien, le Đảng Cộng Sản Việt Nam. En outre, il déclare la collectivisation des terres. L'opération génère des arrestations, des spoliations, des mises au ban de la société de milliers de personnes considérées comme ennemis du peuple. Un an plus tard, Hô Chi Minh admet ouvertement que ces abus ont eu lieu et promet d'organiser la réhabilitation des victimes. Le mal est cependant fait.

Au Sud, le Gouvernement de Ngô Dinh Diêm, catholique fervent, s'illustre par sa corruption et ses nombreuses illégalités. Une clique politique s'empare du pouvoir, et la liberté d'expression demeure compromise.

Les relations entre le Nord et le Sud s'enveniment, et la tension ne cesse de grimper. En 1956, date prévue de la réunification, les deux républiques sont à couteaux tirés. Les tentatives de plus en plus pressantes du Gouvernement de Ngô Dinh Diêm, conseillé par les États-Unis, pour infiltrer toutes les zones de pouvoir, amènent à une opposition contre la gauche communiste et déclenchent les premiers combats le long des frontières du Sud-Viêt Nam, prélude d'un long et douloureux conflit.

En 1958, au Sud, se constitue un groupe clandestin d'activistes, le Mặt trận Dân tộc giải phóng m ïền Nam Việt Nam, ou Front national de libération du Sud Viêt Nam (FNL), dont les membres sont péjorativement surnommés *Viêt-cong*. Préparant une insurrection armée contre leur État, leur but est de favoriser le rattachement au régime d'Hô Chi Minh. Le régime sudiste peut toutefois compter sur l'aide des États-Unis qui, en pleine guerre froide, souhaitent mener une lutte mondiale contre le communisme. En février 1965, ceux-ci bombardent le territoire de la république démocratique du Viêt Nam, marquant le début de la deuxième guerre d'Indochine, également appelée guerre du Viêt Nam.

RÉPERCUSSIONS

UN PAYS RAVAGÉ PAR LA GUERRE

En 1972, après quelques années de guerre, le Gouvernement des États-Unis constate que la présence américaine au Viêt Nam n'est plus tenable. Les pertes sont lourdes, les progrès faibles, et l'opinion publique américaine, scandalisée par les images des atrocités commises durant le conflit, est favorable à un retrait des troupes. Celui-ci est mis en place cette même année et s'achève en 1973.

Seul contre le Nord, le Sud-Viêt Nam n'a que peu de chance de remporter la victoire. En avril 1975, au terme de près de dix années de violence, durant lesquelles les États-Unis ont déversé à eux seuls sur le Nord-Viêt Nam le double de bombes larguées par l'ensemble des Alliés durant la Seconde Guerre mondiale, la prise de Saigon marque la fin des hostilités. L'utilisation d'armes chimiques et d'explosifs laisse un pays ravagé et contaminé en divers endroits. C'est une nation en lambeaux que le Parti communiste vietnamien réunifie en 1976. Les aspirations de Hô Chi Minh sont concrétisées, mais en échange d'un lourd tribut.

UN HOMME DEVENU SYMBOLE DE LA NATION

Alors que son pays, dont il a tant rêvé l'union, est déchiré par la violence, Hô Chi Minh meurt le 2 septembre 1969, jour de fête nationale. Pour ne pas ternir ce jour de célébration patriotique, son décès n'est rendu public que le lendemain. Le bureau politique manipule son testament, y incorporant des fragments de versions antérieures et supprimant un passage pourtant capital :

> « Après ma mort, il faut éviter d'organiser de grandes funérailles pour ne pas gaspiller l'argent et le temps du peuple [...] vous enterrerez mes cendres sur une colline [...] au-dessus de la tombe, il convient de construire une maison bien simple, vaste, solide et aérée, comme lieu de repos pour les visiteurs [...]. Chaque visiteur plantera un arbre en guise de souvenir. Il faudra prendre soin de chaque arbre planté pour qu'il pousse bien. Avec le temps, les arbres formeront une forêt. »

(CHI MINH (HÔ), *Testament*, Hanoï, Central Committee of the Communist Party of Vietnam, 1989)

L'extrait a été ôté du document avant sa publication, et Hô Chi Minh fut embaumé, à la manière de Lénine, et exposé dans un colossal mausolée à Hanoï. L'oncle Hô appartient désormais pleinement à la mémoire communiste nationale. Son aura posthume sert à la construction du pouvoir qui s'installe au Viêt Nam. Après sa libération en 1975, la ville de Saïgon est renommée en son honneur Hô Chi Minh-Ville.

Photo du mausolée de Hô Chi Minh.

L'HÉRITAGE DE HÔ CHI MINH

L'héritage de Hô Chi Minh réside moins dans ses idées que dans ce qu'il représente pour la construction nationale vietnamienne. Le Parti communiste vietnamien exalte la pensée de Hô Chi Minh et en fait l'étendard de sa politique. Dans le préambule de la Constitution vietnamienne de 1992, on peut ainsi lire : « À la lumière du marxisme-léninisme et de la pensée de Hô Chi Minh [...], le peuple vietnamien s'engage à s'unir d'un seul cœur, à construire le pays par ses propres forces. » (HÉMERY (Daniel), *Hô Chi Minh. De l'Indochine au Vietnam*, Paris, Gallimard, 1999) Bien que soit mis en place au Viêt Nam un système politique autoritaire à parti unique, ses pratiques économiques rapprochent plus le pays du néolibéralisme et de l'économie de marché mondiale que du socialisme tel qu'il était préconisé par Hô Chi Minh.

UN PERSONNAGE D'UNE GRANDE COMPLEXITÉ

Comme pour tous les grands théoriciens communistes du XXe siècle, de nombreuses controverses pèsent sur la personnalité de Hô Chi Minh. Les historiens ne peuvent en effet présumer de son avis sur les ravages de la collectivisation ou l'orientation meurtrière de Staline ou de Mao Zedong, et la complexité du personnage ainsi que son habileté politique discrète incitent à la plus grande prudence. Ses textes modérés, son respect affiché des pratiques religieuses traditionnelles et son insistance sur le bon traitement à réserver aux populations font de lui un personnage complexe. Cependant, malgré les manifestations d'un caractère humaniste qui nous parviennent au travers des témoignages, on ne peut faire l'impasse sur sa conviction profonde de la validité politique d'un régime autoritaire. Il est en effet certain que, s'il n'a pas émis de jugement fixe sur le sujet, il avait néanmoins une parfaite connaissance des abus commis par les régimes communistes et les a donc en quelque sorte acceptés.

EN RÉSUMÉ

1890
19 mai : Naissance de Nguyên Sinh Cung

1900
Nguyên Sinh Cung prend le nom
Nguyên Tât Thành

1911
Nguyên Tât Thành arrive en France

1921
**Nguyên Tât Thành fonde
l'Union intercoloniale**
Il prend le nom de Nguyên Ái Quôc

1925
Janv. : **Nguyên Ái Quôc met en place un
réseau activiste vietnamien
à Canton**

1929
Nguyên Ái Quôc, recherché par les
autorités françaises, se réfugie
à Hong kong

1930
Nguyên Ái Quôc fonde le Parti communiste vietnamien
Il sera renommé Parti communiste indochinois

1931-1933
Nguyên Ái Quôc est incarcéré

1941
Nguyên Ái Quôc crée le Viêt-minh
Nguyên Ái Quôc prend le nom d'Hô Chi Minh

1945
2 sept. **: Hô Chi Minh devient le premier président de la république démocratique du Viêt Nam**

1945-1954
Première guerre d'Indochine

1954
Les troupes française se retirent du pays qui est scindé en deux

1964-1975
Seconde guerre d'Indochine

1969
2 sept. : Décès d'Hô Chi Minh

1975
Fin de la seconde guerre d'Indochine
Le pays est réunifié

- Né d'un père mandarin dans le Viêt Nam sous domination française, le jeune Nguyên Tât Tành réfléchit à la situation politique de son pays. Ses contacts avec des intellectuels nationalistes alimentent ses réflexions, et il s'oriente tout d'abord vers la voie de la réforme.

- Résidant à Paris en 1919, il forme un réseau de réflexion sur la question coloniale. Il participe à la rédaction d'un journal, *Le Paria*, dédié aux revendications des populations colonisées. Il prend alors le nom de Nguyên Ái Quôc.

- En 1923, il quitte la France pour Moscou. Converti aux thèses marxistes-léninistes, il y travaille pour la Troisième Internationale, où il reçoit sa première formation politique.

- En 1925, en mission pour le *Komintern* à Canton, Nguyên Ái Quôc y crée une école qu'il dirige et dans laquelle il forme de jeunes révolutionnaires vietnamiens afin qu'ils organisent des cellules actives dans leur pays.

- De 1933 à 1938, il travaille à Moscou où le *Komintern* le met à l'écart. Il traverse sans encombre les premières grandes purges staliniennes et retourne ensuite en Chine, d'où il regagne l'Indochine en 1941.

- Installé à Pac Bo, au Nord du pays, il connaît la rudesse de la vie dans le maquis. Nguyên Ái Quôc loge dans une grotte et écrit beaucoup. L'influence des communistes au Viêt Nam est grandissante, car la domination française est ébranlée par l'intervention japonaise durant la Seconde Guerre mondiale.

- Alors que Nguyên Ái Quôc tente de contacter les forces américaines en Chine, il est fait prisonnier et est traîné de prison en prison durant deux ans. Une fois libéré, il s'adresse à l'armée américaine, qui collabore avec lui dans le cadre de la résistance contre les Japonais.

- En août 1945, alors que le Japon s'effondre, le Viêt-minh s'empare du pouvoir au Viêt Nam. Le 2 septembre, Hô Chi Minh proclame l'indépendance du Viêt Nam devant une foule enthousiaste à Hanoï.

- La liesse est de courte durée : les Viêt-minh ne contrôlent au final qu'une moitié du pays, et la France veut rasseoir son pouvoir sur son ancienne colonie. De 1945 à 1954, la première guerre d'Indochine agite le pays. Les accords de Genève mettent fin au conflit, accordant aux communistes une victoire en demi-ton : le pays est scindé en deux, et un régime adverse se forme au Sud-Viêt Nam.

- Les tensions montent, et un Front de libération nationale se forme au Sud, dans le but d'alimenter une guérilla communiste. La guerre se déclare entre le Sud, soutenu par les Américains, et le Nord, soutenu par l'URSS et la Chine. Il s'agit de la seconde guerre d'Indochine, également nommée guerre du Viêt Nam. Alors que la violence se déchaîne, Hô Chi Minh meurt, en 1969. Contrairement à ce qu'il stipulait dans son testament, il est exposé dans un fastueux mausolée à Hanoï.
- Depuis, un véritable culte est dédié à l'homme dont l'image a été reprise par le communisme national.

POUR ALLER PLUS LOIN

SOURCES BIBLIOGRAPHIQUES

- BROCHEUX (Pierre), *Hô Chi Minh. Du révolutionnaire à l'icône*, Paris, Payot, 2003.

- CHI MINH (Hô), *Testament*, Hanoï, Central Committee of the Communist Party of Vietnam, 1989.

- DUIKER (William J.), *Hô Chi Minh. A Life*, New York, Hyperion, 2001.

- HÉMERY (Daniel), *Hô Chi Minh, l'homme et son héritage*, Paris, Éditions Duong Moi/La Voie nouvelle, 1990.

- HÉMERY (Daniel), *Hô Chi Minh. De l'Indochine au Vietnam*, Paris, Gallimard, 1999.

SOURCES COMPLÉMENTAIRES

- BUI (Tin), *1945-1999. Vietnam, la face cachée du régime*, Paris, Kergour, 1999.

- RUSCIO (Alain), *Hô Chi Minh. Textes 1914-1969*, Paris, L'Harmattan, 2000.

- TRANG-GAPSARD (Thu), *Hô Chi Minh à Paris. 1917-1923*, Paris, L'Harmattan, 1992.

SOURCES ICONOGRAPHIQUES

- La photo représente des commandos de la Marine française ayant atteint les côtes d'Annam en 1950. La photo reproduite est réputée libre de droits.

- La photo montre des troupes du Viêt-minh se réjouissant de leur victoire. La photo reproduite est réputée libre de droits.

- Photo du mausolée de Hô Chi Minh. La photo reproduite est réputée libre de droits.

DOCUMENTAIRES

- *Un certain regard. Ho Chi Minh : esquisse d'un portrait politique*, documentaire réalisé par Gérard Guillaume, France, 1973.

- *Histoire de comprendre n° 79 : Ho Chi Minh*, documentaire présenté par Alexandre Adler, France, 2001.

PRINCIPAUX BÂTIMENTS COMMÉMORATIFS

- Le mausolée de Hô Chi Minh, situé sur la place Ba Đình à Hanoï.

- Le musée Hô Chi Minh à Hanoï, situé sur la place Ba Đình à Hanoï.

- La grande statue de Hô Chi Minh érigée à la place du bâtiment du comité populaire à Hô-Chi-Minh-Ville.

Votre avis nous intéresse !
Laissez un commentaire sur le site de votre
librairie en ligne et partagez vos coups de cœur sur
les réseaux sociaux !

50MINUTES.fr

ISBN ebook : 978-2-8062-6711-5
ISBN papier : 978-2-8062-6712-2
Dépôt légal : D/2015/12603/309
Photo de couverture : *Ho Chi Minh*, 1946
©Wikimedia Commons. La photo reproduite est réputée libre de droits

Conception numérique : Primento,
le partenaire numérique des éditeurs